¡Bienvenidos al Reino!

Vida en el Reino de Dios

Daniel King

Bienvenidos al Reino: Vida en el Reino de Dios
ISBN: 1-931810-25-7

Copyright 2015 by:
     Daniel King
     King Ministries
     PO Box 701113
     Tulsa, OK 74170-1113 USA
     1-877-431-4276
     daniel@kingministries.com

Contenido

Introducción

Bienvenidos al Reino de Dios

Existen dos Reinos en la tierra. El Reino de Dios que está lleno de luz, vida, gozo, salud, abundancia, y amor. El reino de satanás que está caracterizado por la oscuridad, el pecado, la vergüenza, la enfermedad, la carencia y el odio. Cada individuo debe de escoger a que reino servir.

¡Felicidades! Si has hecho a Jesús el Señor de tu vida, tu eres un ciudadano del Reino de Dios." **el cual nos ha librado de la potestad de las tinieblas, y trasladado al reino de su amado Hijo, en quien tenemos redención por su sangre, el perdón de pecados"** (Colosenses 1:13-14).

Hay muchas grandes verdades que como nuevos miembros del reino debemos de aprender. Este libro está diseñado para ayudarte a descubrir lo que significa ser miembro de la familia de Dios. Aprenderás a cómo vivir en una vida ¡abundante!

Capítulo # 1:

Dios Te Ama

"Dios es amor" (1 Juan 4:8). La historia magnífica del amor de Dios para ti empieza al principio del tiempo. La Biblia dice **"En el principio, Dios creó los cielos y la tierra"** (Génesis 1:1). Dios quería un amigo. El quería un compañero que pudiera caminar y hablar con El. El decidió crear un amigo especial para poder compartir Sus experiencias y que pudiera amarlo y adorarlo a El.

Dios empezó a preparar una casa hermosa para Su amigo. Creó la tierra, el sol, la luna y las estrellas. El creó los pájaros para el aire, los peces para el mar, la inmensa variedad de animales y plantas. El amorosamente formó enormes montañas, y aplanó los valles. Colocó piedras preciosas y oro adentro de la tierra como tesoros esperando ser encontrados. Cuando cada pieza de la creación de Dios fue perfecta, El creó una obra maestra, un ser humano. Todas las criaturas fueron creadas de la imaginación de Dios, pero Dios nos hace a Su propia imagen. **(Génesis 1:27)**

El primer ser humano fue llamado Adán y su esposa Eva. Como un regalo, Dios les dio todo el mundo entero. El les dio dominio sobre los peces del mar y los pájaros del aire y sobre toda criatura viviente que se mueva en la tierra. Adán fue rey de todo lo que podía ver.

Cada cosa que Dios crea tiene un propósito. Los pájaros que formó los hizo para volar, el pez que creó lo hizo para nadar, las plantas fueron hechas para producir comida, y el aire que El hizo fue hecho para respirar. Tu fuiste creado para gobernar y ser amigo de Dios.

Cada día, Adán y Eva caminaban y hablaban con Dios. Dios pensó en cómo Adán sería rey. Le explicó a Adán los deberes y los privilegios del dominio. Como rey, Adán tenía que proteger y amar a su esposa. Debía tomar dominio sobre la creación. El debería de vivir en paz y en armonía. El tenía que usar las habilidades que Dios le había otorgado para el bien de su medio. Lo más importante de todo, como rey, el debería de obedecer siempre a su creador, El Dios Todopoderoso.

Desgraciadamente, hubo otro ser que quería ser rey. Su nombre fue Satanás. El fue un ángel que se reveló contra Dios. **(Isaías 14:11-15)** y como castigo, el fue arrojado del cielo con todos sus seguidores **(Lucas 10:15)**, porque Satanás estuvo celoso de Adán, y decidió robarle su reinado. Dios les dio a Adán y a Eva solamente una instrucción: En la mitad del jardín, Dios plantó un árbol. **"Y mandó Dios al hombre, diciendo: De todo árbol del huerto podrás comer; mas del árbol de la ciencia del bien y del mal no comerás; porque el día que de él comieres, ciertamente morirás"**. **(Génesis 2:16-17)**. El árbol con apariencia inocente fue la prueba de su obediencia. El comer del árbol significaría muerte espiritual y la eterna separación de Dios.

Un día Satanás apareció como serpiente en el jardín. Mintió a Eva y la convenció de comer del árbol. Eva le dio el fruto a Adán y él también lo comió. **(Génesis 3:6)**. En ese momento, Adán perdió su reinado por su desobediencia ante Dios. Esa tarde, cuando Dios caminó por el jardín, Adán y Eva se escondieron porque sentían miedo y pena por lo que habían hecho, Dios los llamó y tuvo gran tristeza cuando sus amigos no salieron a encontrarlo.

Finalmente, Adán y Eva le dijeron lo que habían hecho. Ellos pecaron por desobedecer a Dios. Por oír a la serpiente ellos perdieron su reinado. Ahora, Satanás tiene autoridad en el mundo. El pecado separó al hombre de Dios. **(Génesis 3:22-24)**.Con gran tristeza, Dios despojó a a Adán y a Eva del jardín que había creado para ellos. Les dejó un rayo de esperanza prometiéndoles que un día, un nuevo Rey vendría a destruir la autoridad de Satanás y los salvaría de su pecado y desobediencia. **(Génesis 3:14-15)**. Este Salvador restaurará el compañerismo de Dios con los humanos convirtiéndolos en reyes una vez más.

Capítulo # 2:

El Pecado Nos Separa de Dios

El pecado creó un amplio abismo o una barrera entre Dios y los humanos. A lo largo de la historia, la gente ha tratado de construir un puente a través de éste golfo en diferentes maneras. (Religiones, buen trabajo, filosofías, moral, etc.). Pero sin éxito obtenido. A pesar de la mala percepción de que existen diferentes caminos para llegar a Dios, en realidad es sólo uno el que recuperará el compañerismo con Dios, Jesucristo, el Hijo de Dios, dijo, **"Yo Soy el camino, la verdad, y la vida. Nadie viene al Padre sino a través de mi."** (Juan 14:6).

Por siglos, Satanás ha atentado contra la humanidad. Ha causado pobreza, enfermedad, sufrimiento, y muerte. Los hombres y mujeres han comenzado a mentir, a estafar, y a robar. Grandes guerras fueron peleadas y millones murieron y fueron al infierno, **"el fuego eterno está preparado para el diablo y sus ángeles"** (Mateo 25:41). Donde hay oscuridad **"allí será el lloro y crujir de dientes"** (Mateo 8:12).

Aún, a pesar del gran caos, los humanos se mantienen ante la promesa de El Salvador quien destruirá los horribles efectos del pecado. Jesús dijo, **"El ladrón** (Satanás) **viene únicamente a robar, matar y destruir; Yo he venido para que tengan vida, y vida en abundancia"** (Juan 10:10).

Así como Adán, toda la gente es pecadora. **"Por cuanto todos los que han pecado han sido destituídos de la Gloria de Dios"** (Romanos

3:23). Cada persona en la tierra ha desobedecido los mandamientos de Dios **(Exodo 20:3-17)** mintiendo, estafando, robando, odiando, hablando malas palabras, cometiendo adulterio, e incluso asesinando. Cada persona es separada de Dios por esta desobediencia.

El resultado del pecado humano es la eterna separación de Dios. Debido a que toda vida proviene de Dios; La eterna separación de El, es lo mismo que la muerte eterna. **" El pecado entró al mundo a través de un hombre, la muerte a través del pecado, y de esta manera la muerte a todo hombre, porque todos pecaron"** (Romanos 5:12). El precio que debe ser pagado por el pecado es la muerte. **"Porque la paga del pecado es muerte"**(Romanos 6:23)

Capítulo # 3:

Jesús Murió por Tus Pecados

La Vida de Jesús

Finalmente, la promesa del Salvador puede derrotar a Satanás y restaurar el reino. Este Salvador fue el unigénito Hijo de Dios. Cuando llegó el tiempo perfecto, Dios envió a su hijo unigénito a la tierra. **"Pero cuando vino el cumplimiento del tiempo, Dios envió a su Hijo, nacido de mujer y nacido bajo la ley, para que redimiese a los que estaban bajo la ley, a fin de que recibiésemos la adopción de hijos" (Gálatas 4:4-5).** Este niño nació de una virgen llamada María en el pueblo de Belén justo como los profetas habían prometido. María llamó a su hijito, Jesucristo.

Jesús fue el regalo de amor de Dios al mundo. **"Porque de tal manera amó Dios al mundo, que ha dado a su Hijo unigénito, para que todo aquel que en él cree, no se pierda, mas tenga vida eterna. (Juan 3:16).** Dios dio lo mejor a nosotros, esperando que demos lo mejor a El.

Jesús fue ambos, Dios y hombre a la vez. El fue el Rey del Universo, y aun así por el gran amor de Dios a la raza humana, se despojó, se hizo a un lado del esplendor divino y vino a la tierra a enseñarnos a cómo ser reyes otra vez.

Otra vez, Dios caminó y habló con los humanos en la persona de Jesús. En el principio de su ministerio. Jesús dijo: **"El Espíritu del**

Señor está sobre mí, Por cuanto me ha ungido para dar buenas nuevas a los pobres; Me ha enviado a sanar a los quebrantados de corazón; A pregonar libertad a los cautivos, y vista a los ciegos; A poner en libertad a los oprimidos; A predicar el año agradable del Señor"(Lucas 4:18-19).

Jesús vino a destruir la obra de Satanás. **"cómo Dios ungió con el Espíritu Santo y con poder a Jesús de Nazaret, y cómo éste anduvo haciendo bienes y sanando a todos los oprimidos por el diablo, porque Dios estaba con él". (Hechos 10:38).**

Jesús sanó al ciego, al sordo, a los leprosos, y todo tipo de enfermedades. **(Mateo 8-9).** El también levantó de la muerte y echó fuera demonios.

Jesús enseñó a la gente a vivir en el reino de Dios. El usó muchas parábolas asombrosas e historias para comunicar las verdades eternas. Su mejor enseñanza fue **"Ama al Señor tu Dios con todo tu corazón, con toda tu alma, con toda tu mente y con toda tu fuerza" (Marcos 12:30).** El también enseñó a amar a nuestro prójimo como a nosotros mismos. **(Lucas 10:27).**

Jesús también predicó las Buenas Nuevas del Reino. El corazón de este mensaje fue, **"Arrepiéntete, porque el Reino de los cielos esta cerca" (Mateo 4:17).** El les dijo a la gente que se arrepintieran de sus pecados y que volvieran a entrar al reino de Dios.

Jesús entrenó a sus discípulos a cómo ser reyes. El proclamó la verdad del reino a través de las predicaciones, Él enseñó los principios éticos del reino a través de sabios refranes, y demostró el poder del reino sanando la enfermedad.

Jesús murió en la cruz por ti.

Jesús sanó mucha gente de enfermedades físicas, pero su principal razón para venir a la tierra fue sanar un problema muy grande. Jesús dijo, "Yo he venido a "buscar y a salvar lo que se había perdido"" **(Lucas 19:10).** Jesús vino a restaurar el compañerismo de los humanos con Dios. El desea destruir la barrera del pecado la cual nos impide caminar y hablar con Él Padre.

El único camino para lograr esto es que muramos. El precio que debe ser pagado por el pecado es la muerte. Jesús fue perfecto porque nunca pecó, así que El no merecía morir. Aunque Jesús fue totalmente inocente decidió dar su vida para pagar el precio por el pecado de todos. **"Porque así como por la desobediencia de un hombre los muchos fueron constituidos pecadores, así también por la obediencia de uno, los muchos serán constituidos justos" (Romanos 5:19).**

Unos hombres malos acusaron erróneamente a Jesús y lo condenaron a la muerte. Golpearon su espalda con un látigo y le pusieron una corona de espinas en su cabeza. Clavaron sus manos y sus pies a la cruz y lo dejaron morir. Jesús murió en la cruz para pagar el precio de nuestros pecados. Cuando estaba en la cruz El clamó, **"Consumado es" (Juan 19:30).** Esto significa que terminó todo lo necesario para tu salvación. Unos discípulos tomaron a Jesús de la cruz y lo sepultaron en la tumba.

Pero Jesús no está en la tumba. Después de tres días, Jesús resucitó de la muerte. **"Porque también Cristo padeció una sola vez por los pecados, el justo por los injustos, para llevarnos a Dios, siendo a la verdad muerto en la carne, pero vivificado en espíritu" (1 Pedro 3:18).** Jesús regresó a la vida y todavía sigue viviendo. El ascendió al cielo y está sentado a la diestra del Padre **(Efesios 1:20).** Ahorita mismo, te está observando y esperándote a que seas librado de tus pecados.

Capítulo # 4:

Tu Puedes Ser Salvo

"**Porque todo aquel que invocare el nombre del Señor, será salvo**" **(Romanos 10:13).** Ningún humano es perfecto. Toda persona necesita ser guardada del pecado. La Biblia dice, "**Porque la paga del pecado es muerte, mas la dádiva de Dios es vida eterna en Cristo Jesús Señor nuestro**" **(Romanos 6:23).** Dios tiene una manera para nosotros poder ser salvos, esa manera es enviar a Su Hijo a morir por nuestros pecados. "**Porque de tal manera amó Dios al mundo, que ha dado a su Hijo unigénito, para que todo aquel que en él cree, no se pierda, mas tenga vida eterna**" **(Juan 3:16).**

Dios es santo y ningún pecador puede estar ante Su presencia. Antes de entrar en Su reino, debemos de estar limpios de todos nuestros pecados. Jesús dijo, "**De cierto os digo, que si no os volvéis y os hacéis como niños, no entraréis en el reino de los cielos**" **(Mateo 18:3).** Debemos rechazar la vida del pecado y empezar a vivir para Dios. Así como los niños tienen confianza, necesitamos ser como niños y creer en Dios. El demostró Su amor para con nosotros enviando a Jesús aún cuando no merecíamos ser salvos. "**Mas Dios muestra su amor para con nosotros, en que siendo aún pecadores, Cristo murió por nosotros**" **(Romanos 5:8).**

Jesús en el único camino para llegar al Padre. La Biblia dice, "**Porque hay un solo Dios, y un solo mediador entre Dios y los hombres, Jesucristo hombre, el cual se dio a sí mismo en rescate por todos,**

de lo cual se dio testimonio a su debido tiempo" (1 Timoteo 2:5-6).

Este no es un esfuerzo humano que nos pueda salvar. Es imposible para nosotros ganar la salvación. Es solamente por medio de nuestra fe en Jesucristo y la gracia de Dios en la cual podremos ser salvos. **"Porque por gracia sois salvos por medio de la fe; y esto no de vosotros, pues es don de Dios; no por obras, para que nadie se gloríe" (Efesios 2:8-9).** La salvación es un regalo de Dios. Cuando recibes un regalo, no necesitas pedirlo o pagarlo, simplemente lo recibes.

Cualquiera que acepta a Jesús como Señor será salvo. Jesús dijo, **"Yo soy la puerta; el que por mí entrare, será salvo" (Juan 10:9).** Jesús dijo, **"He aquí, yo estoy a la puerta y llamo; si alguno oye mi voz y abre la puerta, entraré a él, y cenaré con él, y él conmigo"(Apocalipsis 3:20).** Tu puedes tener una relación con Dios simplemente abriendo la puerta de tu corazón a Jesús. Al momento que le respondes a Su llamado serás salvo del pecado.

Ser "nacido de nuevo" es sinónimo de ser "salvo". Uno de los líderes de los Judíos religiosos llamado Nicodemo vino a Jesús de noche. Jesús le dijo, **" De cierto, de cierto te digo, que el que no naciere de nuevo, no puede ver el reino de Dios" (Juan 3:3).** Nicodemo le pregunta desconcertado. "¿Cómo un hombre puede nacer de nuevo? ¿Puedo acaso entrar en el vientre de mi madre? Jesús respondió que es el espíritu del hombre el que nace de nuevo. Nuestros espíritus están muertos a causa del pecado, pero al igual que Cristo nuestros espíritus pueden volver a vivir.

Esto produce un milagro de transformar algo y hacerlo nuevo. Si un automóvil está descompuesto, un mecánico lo puede reparar, o si hay una rotura en una parte de la ropa, una costura puede parcharla; pero solo Dios puede arreglar a un humano dañado y hacerlo de nuevo. Tu puedes tener un comienzo refrescante con Dios.

Cuando tu naces de nuevo, tienes una marca de nueva creación. **"De modo que si alguno está en Cristo, nueva criatura es; las cosas** viejas pasaron; he aquí todas son hechas nuevas" (2 Corintios 5:17). Todos los pecados horribles de tu pasado están lavados y dejados atrás, y tu estás limpio a la vista de Dios. Tu eres un hijo de Dios. **"Mas a todos los que le recibieron, a los que creen en su nombre, les dio potestad de ser hechos hijos de Dios" (Juan 1:12).**

Es la fe en la palabra de Dios la que garantiza nuestra salvación. **"siendo renacidos, no de simiente corruptible, sino de incorruptible, por la palabra de Dios que vive y permanece para siempre" (1 Pedro 1:23).** Es nuestra fe en las promesas de Dios, que nos van a llevar a la victoria sobre el pecado del mundo. **"Todo aquel que cree que Jesús es el Cristo, es nacido de Dios; y todo aquel que ama al que engendró, ama también al que ha sido engendrado por él. En esto conocemos que amamos a los hijos de Dios, cuando amamos a Dios, y guardamos sus mandamientos. Pues este es el amor a Dios, que guardemos sus mandamientos; y sus mandamientos no son gravosos. Porque todo lo que es nacido de Dios vence al mundo; y esta es la victoria que ha vencido al mundo, nuestra fe".** (1 Juan 5: 1-4).

Tu debes de tener la seguridad de tu salvación. **"Y este es el testimonio: que Dios nos ha dado vida eterna; y esta vida está en su Hijo. El que tiene al Hijo, tiene la vida; el que no tiene al Hijo de Dios no tiene la vida. Estas cosas os he escrito a vosotros que creéis en el nombre del Hijo de Dios, para que sepáis que tenéis vida eterna, y para que creáis en el nombre del Hijo de Dios" (1 Juan 5:11-13).** Debes de saber que te encuentras del otro lado de la sombra de la duda, que tu eres salvo si te llenas del conocimiento de salvación dada en la Palabra de Dios. **"Fiel es el que os llama, el cual también lo hará" (1 Tesalonicenses 5:24).** Debes de fundamentar tu creencia en la palabra de Dios, no en las emociones, ni en las circunstancias, no en los miembros de la iglesia, ni en las morales superiores.

Las promesas de la Biblia, **"si confesamos nuestros pecados, él es fiel y justo para perdonar nuestros pecados, y limpiarnos de toda maldad" (1 Juan 1:9).**

En la manera de ser salvo, todo lo que necesitas es confesar tus pecados a Dios y reconocer que Jesús es Señor. Debes también de creer en tu corazón que Jesús resucitó de entre los muertos. **"Que si confesares con tu boca que Jesús es el Señor, y creyeres en tu corazón que Dios le levantó de los muertos, serás salvo. Porque con el corazón se cree para justicia, pero con la boca se confiesa para salvación" (Romanos 10:9-10).** Si haces esto, serás salvo.

Si quieres ser salvo, haz esta oración conmigo.

Querido Padre Celestial, vengo a Ti en el nombre de Jesús. Quiero vivir contigo en tu reino. Te pido que me perdones de todos mis pecados. Creo que Jesús murió en la cruz para pagar mis pecados. Creo que Jesús resucitó de la muerte, y ahora mismo lo invito a El a que sea mi Señor y mi Salvador de mi vida.Gracias por hacerme un hijo de Dios. ¡Amén!

¡Felicidades! Cristo vive ahora dentro de ti. **(Colosenses 1:27)** Desde ahora Jesús caminará al lado tuyo.**"No te desampararé, ni te dejaré" (Hebreos 13:5).** Cada vez que tengas problemas, Jesús está ahí para ayudarte.

Ahora como ya eres cristiano (seguidor de Cristo) debes habitar siempre en el reino de Dios. Dios **"... el cual nos ha librado de la potestad de las tinieblas, y trasladado al reino de su amado Hijo,en quien tenemos redención por su sangre, el perdón de pecados" (Colosenses 1:13-14).**

Ahora mismo, Jesús está preparando un palacio real en el cielo justamente para ti **"En la casa de mi Padre muchas moradas hay; si así no fuera, yo os lo hubiera dicho; voy, pues, a preparar lugar para vosotros. Y si me fuere y os preparare lugar, vendré otra vez, y os tomaré a mí mismo, para que donde yo estoy, vosotros también estéis" (Juan 14:2-3).**

Capítulo # 5:

Tu Puedes Ser Sanado

Uno de los beneficios de vivir en el reino de Dios es la sanidad sobrenatural. Dios no te quiere enfermo. Tu puedes vivir en salud divina. La promesa de Dios ."**Porque yo soy el Señor tu Sanador**" (**Exodo 15:26**). El es Dios "**El es quien perdona todas tus iniquidades, El que sana todas tus dolencias**" (**Salmo 103:3**). Su Palabra dice, "**Amado, yo deseo que tú seas prosperado en todas las cosas, y que tengas salud, así como prospera tu alma**" (**3 Juan 1:2**).

Una vez que somos salvos, estamos libres de pecado, de todo lo malo, y de todos los efectos del mismo. La enfermedad es el resultado del pecado de Adán y Eva en el jardín. Pero Jesús murió en la cruz para destruir completamente toda obra de pecado. El profeta Isaías profetizó, "**Ciertamente llevó él nuestras enfermedades, y sufrió nuestros dolores; y nosotros le tuvimos por azotado, por herido de Dios y abatido. Mas él herido fue por nuestras rebeliones, molido por nuestros pecados; el castigo de nuestra paz fue sobre él, y por su llaga fuimos nosotros curados. Todos nosotros nos descarriamos como ovejas, cada cual se apartó por su camino; mas el Señor cargó en él el pecado de todos nosotros**" (**Isaías 53:4-6**).

La sanidad es una parte del trabajo que Jesús hizo en la cruz. Jesús fue azotado con el látigo, por los azotes que recibió en Su espalda, es que somos sanados. "**... y por cuya herida fuisteis sanados**" (**1 Pedro**

2:24). Jesús padeció nuestros pecados, asi es que no los debemos de tener. Jesús ya hizo todo lo necesario por tu sanidad, y todo lo que debes de hacer es aceptarlo.

Cuando Jesús caminó en la tierra, Él sanó mucha gente enferma. **"Trajeron a él muchos endemoniados; y con la palabra echó fuera a los demonios, y sanó a todos los enfermos; para que se cumpliese lo dicho por el profeta Isaías, cuando dijo: El mismo tomó nuestras enfermedades, y llevó nuestras dolencias" (Mateo 8:16-17).**

Un día, un líder religioso llamado Jairo se sintió triste y fue a los pies de Jesús y lo invitó a su casa diciendo, "Mi hija menor se está muriendo. Por favor ven y pon tus manos sobre ella y asi sanará y vivirá." Jairo amó mucho a su hija y él tuvo fe para que Jesús la pudiera sanar.

En el camino a casa de Jairo, una mujer se dijo a sí misma, "Si tan solo pudiera tocar el borde de su manto, seré sanada." Ella avanzó por entre la muchedumbre hasta llegar junto a Jesús, extendió su mano hasta tocarlo. Inmediatamente dejó de sangrar y fue completamente sanada. Jesús percibió que salía poder de sanidad de su cuerpo y se detuvo y preguntó, "¿Quién me ha tocado?" Sus discípulos pensaron que esa pregunta era rara ya que había una gran multitud y mucha gente estaba tocando a Jesús. Pero Jesús hizo esa pregunta porque alguien lo había tocado con fe. La mujer quien había sanado vino y confesó que ella lo había hecho. Y Jesús le dijo, "Hija, tu fe te ha curado. Ve en paz y se libre de tu sufrimiento".

Mientras tanto, un hombre llegó de la casa de Jairo y le dijo, "Tu hija está muerta. Jesús ya no puede hacer nada por ella." Jesús oyó lo que dijeron y le dijo a Jairo, "No tengas miedo, solo cree".

Cuando Jesús llegó a la casa de Jairo, preguntó por qué estaban llorando El les dijo. " La niña no está muerta, está dormida," pero ellos se rieron de El, porque ellos sabían que la niña ya estaba muerta. Jesús les pidió que se fueran, y tomó a su madre y a su padre con El y se fueron a la recámara. El tomó a la niña muerta por la mano y le ordenó, "Niñita, Te digo, que te ¡levantes!" Inmediatamente la niña de 12 años se levantó y caminó alrededor. Todos quedaron maravillados del poder milagroso de Jesús.

"Jesucristo es el mismo ayer, hoy, y por los siglos" (Hebreos 13:8). Si Jesús sanó a toda esa gente hace dos mil años, El te puede sanar hoy. Así como a la mujer que tenía flujo de sangre, se extendió para tocarlo (Jesús) con su fe, tu necesitas alcanzar con tu fe la Sanidad del Salvador.

Tu puedes ser sanada pidiéndoles a los líderes de tu iglesia que oren por ti. **"¿Está alguno enfermo entre vosotros? Llame a los ancianos de la iglesia, y oren por él, ungiéndole con aceite en el nombre del Señor. Y la oración de fe salvará al enfermo, y el Señor lo levantará; y si hubiere cometido pecados, le serán perdonados. Confesaos vuestras ofensas unos a otros, y orad unos por otros, para que seáis sanados. La oración eficaz del justo puede mucho"** (Santiago 5:14-16).

Capítulo # 6:

Tu Puedes Tener Fe en Dios

"Tened fe en Dios." Fe es la moneda corriente en el reino de Dios. **"Porque de cierto os digo que cualquiera que dijere a este monte: Quítate y échate en el mar, y no dudare en su corazón, sino creyere que será hecho lo que dice, lo que diga le será hecho. Por tanto, os digo que todo lo que pidiereis orando, creed que lo recibiréis, y os vendrá"** (Marcos 11:22-24). De acuerdo a este versículo, tu puedes tener cualquier cosa si le pides en oración y si tienes fe.

¿Qué es fe? La fe es creer en Dios cuando no hay nadie más en quien creer. Fe es confiar en Dios en medio del problema. Fe es tener seguridad en las promesas de Dios. Fe es ver lo invisible y creer lo imposible. Fe es el convencimiento de que no importa cuáles circunstancias se vean. Dios cumplirá Su Palabra. Fe es saber más allá de la sombra de la duda de que Dios tendrá cuidado de ti. Fe es creer en Dios más que creerle a los problemas. **" Fe es la certeza de lo que se espera y la convicción de lo que no se ve"** (Hebreos 11:1).

Recientemente, compré un boleto de avión. Cuando lo compré, no requerí ver el avión en el que me iba a ir. Yo tuve fe de que el avión estaría en el aeropuerto cuando yo me tuviera que ir a mi viaje. El boleto representaba la promesa de la aerolínea. Fe es como ese boleto, es la substancia que garantiza de que las promesas de Dios son ciertas.

Nosotros debemos **"andar por fe, no por vista"** (2 Corintios 5:7). Fe es similar al título de la escritura de la propiedad que no has visto. De repente el título de la propiedad te pertenece, la propiedad también te pertenece. Tu puedes decir con seguridad "Yo poseo esta tierra" aunque tu nunca la hayas visto.

¿De donde viene la fe? Jesús es ambos **"autor y consumador"** de nuestra fe **(Hebreos 12:2)**. Jesús es la fuente de nuestra fe, El es el objeto de nuestra fe, y El es el fiador de nuestra fe. El apóstol Pablo escribió, **"Así que la fe es por el oír, y el oír, por la palabra de Dios" (Romanos 10:17)**. La fe se enciende cuando oimos la palabra de Dios. Dios nos ha dado una medida de fe a cada persona. **(Romanos 12:3)**. Conforme más oimos la Palabra de Dios, nuestra fe crece mucho más grande.

Nosotros absolutamente necesitamos fe. En repetidas veces la Biblia maneja este punto con este simple versículo. **"Los justos por fe vivirán" (Habacuc 2:4; Romanos 1:17; Gálatas 3:11; Hebreos 10:38)**. Tu reinarás en el cielo o te pudrirás en el infierno basado en tu nivel de fe en Dios. Porque: **"... sin fe es imposible agradar a Dios; porque es necesario que el que se acerca a Dios crea que le hay, y que es galardonador de los que le buscan" (Hebreos 11:6)**.

Dios siempre se mueve en respuesta a la fe. Dios no se mueve con respecto a las personas. El Centurión le dijo a Jesús, **"Solamente di la palabra y mi siervo será sano"**. Convencido, Jesús encuentra el punto de su fe cuando dijo, **"Ve, y como creíste, te sea hecho" (Mateo 8:5-13)**. El criado del Centurión fue sanado en esa hora.

Justo como Jesús respondió a la fe de este hombre desesperado, el poder de Dios se hallará en tí a la medida de tu fe. Dios moverá el cielo y la tierra debido a tu fe.

Si tu no trabajas tu fe, tu fe no trabajará. Fe es como un músculo, mientras más lo uses, más grande crecerá. Fe no es fe hasta que tome acción. **"Así también la fe, si no tiene obras, es muerta en sí mis-**

ma" (Santiago 2:17). Fe sin trabajo es muerta. A decir verdad, fe sin trabajo no se puede llamar fe. Cuando los cuatro hombres bajaron a su amigo a través del tejado, Lucas dice que Jesús "vio la fe de ellos". En otras palabras, Él se dio cuenta de que una acción física demostró su fe. Ellos actuaron con su fe.(Lucas 5:17-26).

Es vital que actúes con tu fe. Puedes poner acción a tu fe moviendo tu cuerpo en un camino que no has podido mover antes. Si tienes un brazo paralizado, trata de moverlo. Si no puedes caminar, párate y empieza a caminar. Si tienes un tumor en tu cuerpo, pon tu mano en el tumor y empieza a orar. Actúa con tu fe ahora mismo extiéndela hacia Jesús.

Capítulo # 7:

Tu puedes ser Llenado con el Espíritu Santo

El Espíritu Santo es la Tercera Persona de lo que los teólogos llaman "Trinidad" que son Dios Padre, Dios Hijo (Jesucristo), y Dios Espíritu Santo. Existen tres personalidades distintas, en un solo Dios. El Espíritu ha sido un miembro vital del pensamiento de Dios desde antes de la creación. **"Y la tierra estaba desordenada y vacía, y las tinieblas estaban sobre la faz del abismo, y el Espíritu de Dios se movía sobre la faz de las aguas" (Génesis 1:2).** Ahora mismo, la primera interacción de Dios con los humanos en la tierra es a través del Espíritu Santo.

Jesús estuvo en la tierra por un período de treinta y tres años, y una vez que volvió al cielo, el Espíritu Santo vino a ser el representante de Dios entre los humanos. Juan el Bautista profetizó la venida de Espíritu cuando dijo, **"Yo a la verdad os bautizo en agua para arrepentimiento; pero el que viene tras mí, cuyo calzado yo no soy digno de llevar, es más poderoso que yo; él os bautizará en Espíritu Santo y fuego" (Mateo 3:11).**

Jesús prometió a sus discípulos que enviaría al Espíritu Santo para que estuviera con ellos. **"Y yo rogaré al Padre, y os dará otro Consolador, para que esté con vosotros para siempre: el Espíritu de verdad, al cual el mundo no puede recibir, porque no le ve, ni le conoce; pero vosotros le conocéis, porque mora con vosotros, y estará en vosotros"** (Juan 14:16-17). Como podrás ver en éste versículo, el Espíritu Santo vive con nosotros y en nosotros.

El Espíritu Santo es la fuente de agua viva para todos aquellos que son espirituales y sedientos. Jesús dijo, **"En el último y gran día de la fiesta, Jesús se puso en pie y alzó la voz, diciendo: Si alguno tiene sed, venga a mí y beba. El que cree en mí, como dice la Escritura, de su interior correrán ríos de agua viva. Esto dijo del Espíritu que habían de recibir los que creyesen en él; pues aún no había venido el Espíritu Santo, porque Jesús no había sido aún glorificado"** (Juan 7: 37-39).

Después de que Jesús resucitó de los muertos, El ordenó a sus discípulos a que esperaran en Jerusalén hasta que llegara el Espíritu Santo. **"Y estando juntos, les mandó que no se fueran de Jerusalén, sino que esperasen la promesa del Padre, la cual, les dijo, oísteis de mí. Porque Juan ciertamente bautizó con agua, mas vosotros seréis bautizados con el Espíritu Santo dentro de no muchos días"** (Hechos 1:4-5) Y nuevamente dijo Jesús, **"He aquí, yo enviaré la promesa de mi Padre sobre vosotros; pero quedaos vosotros en la ciudad de Jerusalén, hasta que seáis investidos de poder desde lo alto"** (Lucas 24:49).

Ciento veinte discípulos se reunieron en el Aposento Alto a orar por la venida del Espíritu Santo. **"Cuando llegó el día de Pentecostés, estaban todos unánimes juntos. Y de repente vino del cielo un estruendo como de un viento recio que soplaba, el cual llenó toda la casa donde estaban sentados; y se les aparecieron lenguas repartidas, como de fuego, asentándose sobre cada uno de ellos. Y fueron todos llenos del Espíritu Santo, y comenzaron a hablar en otras lenguas, según el Espíritu les daba que hablasen"** (Hechos 2:1-4).

Este derramar poderoso del Espíritu, cumplió la profecía de Joel, **"Y después de esto derramaré mi Espíritu sobre toda carne, y profetizarán vuestros hijos y vuestras hijas; vuestros ancianos soñarán sueños, y vuestros jóvenes verán visiones. Y también sobre los siervos y sobre las siervas derramaré mi Espíritu en aquellos días" (Joel 2:28-29).** El regalo del Espíritu Santo fue para toda carne. Para los ancianos y los jóvenes, para los hombres y mujeres, los padres y los hijos, ese día todos fueron llenos del Espíritu Santo.

Inmediatamente, Pedro empezó a predicar y alrededor de 3000 personas fueron salvas ese día. **(Hechos 2:41).** El Espíritu Santo trabajó poderosamente en la iglesia y se unieron otras 5000 almas y fueron salvas. **(Hechos 4:4).** De allí en adelante, muchos santos fueron agregándose a la iglesia diariamente. **(Hechos 2:4-7).**

¿Qué es lo que hace el Espíritu Santo?

El Espíritu Santo es nuestro Consolador, nuestro ayudador en los tiempos de prueba, nuestro maestro, nuestro abogado con el Padre. Nuestro consejero, y nuestro amigo. He aquí algunas tareas adicionales que el Espíritu Santo desempeña hacia nosotros.

1. Ninguno puede ser salvo, excepto a través del trabajo del Espíritu Santo. **"Por tanto, os hago saber que nadie que hable por el Espíritu de Dios llama anatema a Jesús; y nadie puede llamar a Jesús Señor, sino por el Espíritu Santo" (1 Corintios 12:3).** Es a través del Espíritu Santo en nuestras vidas que somos salvos. **"nos salvó, no por obras de justicia que nosotros hubiéramos hecho, sino por su misericordia, por el lavamiento de la regeneración y por la renovación en el Espíritu Santo" (Tito 3:5).** El Espíritu Santo es el único que nos da convicción de nuestra salvación. **"El Espíritu mismo da testimonio a nuestro espíritu, de que somos hijos de Dios" (Romanos 8:16)**

2. El Espíritu Santo nos da audacia o intrepidez de hablarles a otros acerca de Dios **" pero recibiréis poder, cuando haya venido sobre vosotros el Espíritu Santo y me seréis testigos en Jerusalén, en toda Judea, en Samaria, y hasta lo último de la tierra" (Hechos 1:8).**

3. El Espíritu Santo testifica a nuestros corazones acerca de quién es Jesús. **"Pero cuando venga el Consolador, a quien yo os enviaré del Padre, el Espíritu de verdad, el cual procede del Padre, él Dará testimonio acerca de mí." (Juan 15:26)**

4. El Espíritu Santo guía a cada creyente hacia toda verdad. Nuestro principal estándar para la verdad es la Palabra de Dios, pero es el Espíritu Santo el que revela la verdades de la Palabra de Dios a nuestros corazones. Es el Espíritu Santo quien nos dirige a las Escrituras las cuales hablan mejor a nuestras necesidades. **"Pero cuando venga el Espíritu de verdad, él os guiará a toda la verdad; porque no hablará por su propia cuenta, sino que hablará todo lo que oyere, y os hará saber las cosas que habrán de venir" (Juan 16:13-14).**

5. El Espíritu Santo es el dador de los dones sobrenaturales. **"Pero a cada uno le es dada la manifestación del Espíritu para provecho. Porque a éste es dada por el Espíritu palabra de sabiduría; a otro, palabra de ciencia según el mismo Espíritu; a otro, fe por el mismo Espíritu; y a otro, dones de sanidades por el mismo Espíritu. A otro, el hacer milagros; a otro, profecía; a otro, discernimiento de espíritus; a otro, diversos géneros de lenguas; y a otro, interpretación de lenguas. Pero todas estas cosas las hace uno y el mismo Espíritu, repartiendo a cada uno en particular como él quiere" (1Corintios 12:7-11).**

El Espíritu Santo da variedad de dones para la edificación de sus santos. Por supuesto ninguna persona funciona con todos los dones. El Espíritu Santo concede los dones para manifestar al cuerpo de Cristo que tiene necesidades. **"así nosotros, siendo muchos, somos un cuerpo en Cristo, y todos miembros los unos de los otros. De manera que, teniendo diferentes dones, según la gracia que nos es dada, si el de profecía, úsese conforme a la medida de la fe; o si de servicio, en servir; o el que enseña, en la enseñanza; el que exhorta, en la exhortación; el que reparte, con liberalidad; el que preside, con solicitud; el que hace misericordia, con alegría" (Romanos 12:5-8).** Es importante para cada miembro del cuerpo de

Cristo que esté dispuesto a ser usado, y al mismo tiempo sujetarse al ritmo del Espíritu Santo. **(1 Corintios 14:32).** Recuerda, que cada cosa en la iglesia tiene que ser hecho **"decentemente y en orden"** (1Corintios 14:40).

Se lleno del Espíritu Santo

Es la voluntad de Dios para cada creyente (inclusive tú) ser lleno del Espíritu Santo. **"Por tanto, no seáis insensatos, sino entendidos de cuál sea la voluntad del Señor. No os embriaguéis con vino, en lo cual hay disolución; antes bien sed llenos del Espíritu " (Efesios 5:17-18).** Esto significa que es la voluntad de Dios para ti, que seas lleno del Espíritu Santo.

Puedes pedir con toda seguridad a Dios ser lleno del Espíritu Santo. Ahora que es la voluntad de Dios para ti, que tengas el don del Espíritu Santo. **"Y esta es la confianza que tenemos en él, que si pedimos alguna cosa conforme a su voluntad, él nos oye"! (1 Juan 15:14-15).**

No tienes que suplicar al Espíritu Santo, pero necesitas especificar lo que le pides. **"Y yo os digo: Pedid, y se os dará; buscad, y hallaréis; llamad, y se os abrirá. Porque todo aquel que pide, recibe; y el que busca, halla; y al que llama, se le abrirá. ¿Qué padre de vosotros, si su hijo le pide pan, le dará una piedra? ¿o si pescado, en lugar de pescado, le dará una serpiente? ¿O si le pide un huevo, le dará un escorpión? Pues si vosotros, siendo malos, sabéis dar buenas dádivas a vuestros hijos, ¿cuánto más vuestro Padre celestial dará el Espíritu Santo a los que se lo pidan?" (Lucas 11:9-13).** El Espíritu Santo es un caballero, no te obliga, El solo entrará a tu vida si lo invitas.

¿Cómo puedes saber si alguien está lleno del Espíritu de Dios? Jesús dijo, **"Así que, por sus frutos los conoceréis" (Mateo 7:20).** ¿Cuál es el fruto del Espíritu? **"Mas el fruto del Espíritu es amor, gozo, paz, paciencia, benignidad, bondad, fe, mansedumbre, templanza; contra tales cosas no hay ley"(Gálatas 5:22-23).** Yo creo que cuando te encuentras con un creyente que tiene todos esos frutos manifestados en su vida, has encontrado a alguien que está lleno del Espíritu de Dios.

Puedes orar en lenguaje espiritual

El Espíritu Santo continuamente está orando a Dios en Su nombre en un lenguaje especial el cual es únicamente entendido por Dios. Tu puedes orar en esta nueva lengua abriendo tu boca y dejando que el Espíritu Santo hable, usando tus cuerdas vocales. Jesús prometió, **"Y estas señales seguirán a los que creen...hablarán nuevas lenguas;"** (Marcos 16:17).

Isaías profetizó, esta nueva lengua producirá refrigerio a los creyentes afligidos, **"porque en lengua de tartamudos, y en extraña lengua hablará a este pueblo, a los cuales él dijo: este es el reposo; dad reposo al cansado; y este es el refrigerio; mas no quisieron oír"(I-saías 28: 11-12).** Esta nueva lengua es como **"mas el que bebiere del agua que yo le daré, no tendrá sed jamás; sino que el agua que yo le daré será en él una fuente de agua que salte para vida eterna" (Juan 4:14).**

En el día de Pentecostés, ciento veinte discípulos empezaron a hablar en otras lenguas, cuando eran llenos del Espíritu Santo. (Hechos 2:4). Cornelio y su familia completa hablaban en lenguas cuando el Espíritu Santo vino sobre ellos. (Hechos 10:44-45). Cuando Pablo impuso sus manos en los creyentes de Éfeso **"el Espíritu Santo vino sobre ellos y hablaron en lenguas" (Hechos:19:6).**

Pablo fue lleno del Espíritu Santo cuando Ananías impuso sus manos sobre él. (Hechos 9:17). Después, él escribió a la iglesia en Corinto, **"Doy gracias a Dios que hablo en lenguas más que todos vosotros"(1Corintios 14:18).**

Pablo dijo que esa oración en el Espíritu edifica a los creyentes (1 Corintios 14:4). Pablo ordenó específicamente a la iglesia de Corinto, **"... Y no impidáis hablar en lenguas" (1 Corintios 14:39).** Emplea, ejercita, edifica tus músculos, de la misma manera, orando en lenguas edifica tu espíritu. Judas nos dijo, **"Pero vosotros, amados, edificándoos sobre vuestra santísima fe, orando en el Espíritu Santo" (Judas 1:20).**

Capítulo #8:

Tu Puedes Vivir en Abundancia

Dios tiene un plan espléndido para tu vida. Tu no naciste por casualidad ni por accidente. Dios pensó en ti antes de que el mundo existiera "(Efesios 1:4). **"Porque yo sé los pensamientos que tengo acerca de vosotros", dice el SEÑOR, "pensamientos de paz, y no de mal, para daros el fin que esperáis"(Jeremías 29:11).** No te puedes imaginar todas las bendiciones que Dios tiene para proveer a los que le aman. **"Cosas que ojo no vio, ni oído oyó, ni han subido en corazón de hombre, son las que Dios ha preparado para los que le aman" (1 Corintios 2:9).** No debes de vivir con miedo. Ninguna opresión o adversidad que estás enfrentando es más grande que Dios o que Su poder. **"Mira que te mando que te esfuerces y seas valiente; no temas ni desmayes, porque el SEÑOR tu Dios estará contigo en dondequiera quevayas"(Josué 1:9).** La confianza en Dios destruye tus miedos, **"Porque no nos ha dado Dios espíritu de cobardía, sino de poder, de amor y de dominio propio" (2 Timoteo 1:7).**

No tienes que estar preocupado. **"Por tanto os digo: No os afanéis por vuestra vida, qué habéis de comer o qué habéis de beber; ni por vuestro cuerpo, qué habéis de vestir... Mas buscad primeramente el reino de Dios y su justicia, y todas estas cosas os serán**

añadidas..."(Mateo 6:25;33). Así como crees en el amor del Padre Celestial, El proveerá para tus necesidades terrenales.

Puedes vivir tu vida en victoria por encima del pecado, miedo, enfermedad, pobreza, y en toda obra maligna de Satanás. **"Porque todo lo que es nacido de Dios vence al mundo; y esta es la victoria que ha vencido al mundo, nuestra fe. ¿Quién es el que vence al mundo, sino el que cree que Jesús es el Hijo de Dios?" (1 Juan 5:4-5).** La victoria que Jesús llevó a cabo en la cruz, pertenece a cada creyente. **"Mas gracias sean dadas a Dios, que nos da la victoria por medio de nuestro Señor Jesucristo" (1 Corintios 15:57).**

Tu fuiste creado para ser más que un vencedor sobre los problemas, obstáculos, y enemigos. **"Antes, en todas estas cosas somos más que vencedores por medio de aquel que nos amó" (Romanos 8:37).** No es por tu propia fuerza o habilidad que tu triunfes, sino por el poder de Jesucristo que está dentro de ti. Así como el apóstol Pablo dijo, **"Todo lo puedo en Cristo que me fortalece" (Filipenses 4:13).** El reino de Dios dentro de ti está, tan remotamente más poderoso que el reino de las tinieblas que te rodea. **"Hijitos, vosotros sois de Dios, y los habéis vencido; porque mayor es el que está en vosotros, que el que está en el mundo" (1 Juan 4:4).**

Dios te ha dado armas poderosas en tu batalla contra Satanás. **"Por tanto, tomad toda la armadura de Dios, para que podáis resistir en el día malo, y habiendo acabado todo, estar firmes. Estad, pues, firmes, ceñidos vuestros <u>lomos con la verdad</u>, y vestidos con la <u>coraza de justicia</u>, y <u>calzados los pies con el apresto del evangelio de la paz</u>. Sobre todo, tomad el <u>escudo de la fe</u>, con que podáis apagar todos los dardos de fuego del maligno. Y tomad el <u>yelmo de la salvación</u>, y la <u>espada del Espíritu</u>, que es la palabra de Dios; <u>orando en todo tiempo con toda oración y súplica en el Espíritu</u>, y velando en ello con toda perseverancia y súplica por todos los santos" (Efesios 6:13-18).** Estas armas te dan la habilidad para defenderte a ti Mismo, contra cualquier plan del maligno. **"porque las armas de nuestra milicia no son carnales, sino poderosas en Dios para la destrucción de fortalezas, derribando argumentos** y toda altivez que se levanta contra el conocimiento de Dios, y llevando cautivo todo pensamiento a la obediencia a Cristo" (2 Corintios 10:4-5).

Jesús vino, así que tu puedes vivir con vida abundante. **"El ladrón no viene sino para hurtar y matar y destruir; yo he venido para que tengan vida, y para que la tengan en abundancia"(Juan 10:10).** Puedes vivir con una vida abundante espiritualmente, mentalmente, físicamente, emocionalmente y financieramente. Dios te quiere bendecir en tu casa, en tu vida familiar, en tus relaciones, en tu trabajo, en la escuela. La voluntad de Dios para ti es que tengas abundancia total en cada área de tu vida, **"amado, yo deseo que tú seas prosperado en todas las cosas, y que tengas salud, así como prospera tu alma"(3 Juan 1:2).**

Dios te dará abundantemente todas las cosas. **"El que no escatimó ni a su propio Hijo, sino que lo entregó por todos nosotros, ¿cómo no nos dará también con él todas las cosas?"(Romanos 8:32).** Cuando llegas a ser miembro del reino de Dios, todas las bendiciones del cielo te pertenecen.
Puedes tener paz, gozo, prosperidad, esperanza, salud y abundancia."- **Bendito sea el Dios y Padre de nuestro Señor Jesucristo, que nos bendijo con toda bendición espiritual en los lugares celestiales en Cristo"(Efesios1:3).**

La principal motivación para recibir de Dios es que debemos de dar a otros. Dios quiere bendecirte muchísimo; para que bendigas a otros que te rodean que tienen necesidades. Dios te bendice, para que seas bendición. **(Génesis 12:2).** Y podrás estar **"llevando fruto en toda buena obra" (Colosenses 1:10).**

Capítulo # 9:

Vida en el Reino de Dios

Ahora como eres Cristiano, aquí hay algunos pasos los cuales te ayudarán a crecer cerca de Dios, y te enseñarán como reinar en la vida. Se que **"estando persuadido de esto, que el que comenzó en vosotros la buena obra, la perfeccionará hasta el día de Jesucristo"** (Filipenses 1:6).

1. Lee la Biblia

La Biblia es la Palabra de Dios para tu vida. Así como el cuerpo físico necesita alimento, tu vida espiritual necesita sustento de la Palabra de Dios. A través de la Biblia, Dios habla a tu corazón y revela Su plan para tu nueva vida. Puesto que estudias las Escrituras, crecerás en tu caminar Cristiano. **"Toda la Escritura es inspirada por Dios, y útil para enseñar, para redargüir, para corregir, para instruir en justicia, a fin de que el hombre de Dios sea perfecto, enteramente preparado para toda buena obra"** (2Timoteo 3:16-17).

La Biblia es una carta de amor de Dios para ti. El contenido de este libro son las leyes que Dios nos da para vivir, la historia del comportamiento humano con Dios, maravillosos salmos y proverbios, advertencias proféticas y estímulos, la vida de Jesús, una explicación de la doctrina Cristiana, y una mirada al futuro, cuando Jesús regrese a reinar como Rey. Es un libro vivo y poderoso. **"Porque la palabra de Dios es viva y eficaz, y más cortante que toda espada de dos filos; y penetra hasta partir el alma y el espíritu, las coyunturas y los tuétanos, y discierne los pensamientos y las intenciones del** corazón"(Hebreos 4:12).

La verdad de la Palabra de Dios es la vida eterna. **"Sécase la hierba, marchítase la flor; mas la palabra del Dios nuestro permanece para siempre"(Isaías 40:8).**

Tu experimentarás victoria sobre el pecado al leer la Palabra de Dios. **"¿Con qué limpiará el joven su camino? Con guardar tu palabra... En mi corazón he guardado tus dichos, para no pecar contra ti"** (Salmo 119:9,11).

Te aliento a que leas por lo menos un capítulo de la Biblia cada día. El mejor sitio para empezar a leer es el evangelio de Juan. Este libro te introducirá, en un simple y poderoso canal a la vida de Jesús.

2. Memoriza la Escritura

Encontrarás gran bienestar, ánimo, consuelo, y ayuda en los tiempos de dificultad si te memorizas algunos versículos de la Escritura. La Biblia dice, **"Nunca se apartará de tu boca este libro de la ley, sino que de día y de noche meditarás en él, para que guardes y hagas conforme a todo lo que en él está escrito; porque entonces harás prosperar tu camino, y todo te saldrá bien" (Josué 1:8).** Enseguida hay una lista de versículos para que empieces a *memorizártelos* en esta semana.

Día #1: **Juan 3:16 "Porque de tal manera amó Dios al mundo, que ha dado a su Hijo unigénito, para que todo aquel que en él cree, no se pierda, mas tenga vida eterna".**

Día # 2: **1 Juan 1:9 "Si confesamos nuestros pecados, él es fiel y justo para perdonar nuestros pecados, y limpiarnos de toda maldad."**

Día # 3: **Santiago 4:7 "Someteos, pues, a Dios; resistid al diablo, y huirá de vosotros."**

Día # 4: **Hechos 1:8 "Pero recibiréis poder, cuando haya venido sobre vosotros el Espíritu Santo, y me seréis testigos en Jerusalén, en toda Judea, en Samaria, y hasta lo último de la tierra."**

Día # 5: **Juan 14:21 "El que tiene mis mandamientos, y los guarda, ése es el que me ama; y el que me ama, será amado por mi Padre, y yo le amaré, y me manifestaré a él."**

Día # 6: **1 Juan 5:14-15 "Y esta es la confianza que tenemos en él, que si pedimos alguna cosa conforme a su voluntad, él nos oye. Y si sabemos que él nos oye en cualquiera cosa que pidamos, sabemos que tenemos las peticiones que le hayamos hecho."**

Día # 7: **Marcos 11:24 "Por tanto, os digo que todo lo que pidiereis orando, creed que lo recibiréis, y os vendrá."**

¿Encuentras alguna dificultad para memorizarte los versículos de la Biblia? Aquí hay algunos tips que te ayudarán.

1. Habla el versículo fuertemente. De acuerdo a Romanos 10:17 "La fe viene por el oir." Cuando tu repitas la Escritura fuerte la oirás con tus oídos, esto hará edificar tu fe y te será mas fácil recordarla.

2. Di una parte del versículo cada vez. Si sientes que el versículo es muy largo para memorizarlo, repite una frase varias veces hasta que te lo aprendas todo completo.

3. Di el versículo una y otra vez. Josué 1:8 nos dice que meditemos en la Escritura. La palabra "meditar" significa "que lo mastiques." Asi como las vacas rumian su comida repetidamente, necesitamos mentalmente masticarla.

4. Confiesa la Palabra de Dios sobre tu vida.
Tu vida va a levantarse o disminuirse al nivel de tu confesión. Las palabras que tu hablas con tu boca revelan la condición de tu corazón. **"Porque de la abundancia del corazón habla la boca. El hombre bueno, del buen tesoro del corazón saca buenas cosas; y el hombre**

malo, del mal tesoro saca malas cosas. Mas yo os digo que de toda palabra ociosa que hablen los hombres, de ella darán cuenta en el día del juicio. **Porque por tus palabras serás justificado, y por tus palabras serás condenado" (Mateo 12:34-37).** La confesión de las promesas de Dios traen posesión de las promesas de Dios. Las palabras que tu hablas de cualquier modo o te ayudan o te estorban."**La muerte y la vida están en poder de la lengua" (Proverbios 18:21).**

3. Ora Cada Día

Orar es la línea de la vida hacia Dios. Debes de formar un hábito para orar diariamente. **"La oración eficaz del justo puede mucho" (Santiago 5:16).** Esta promesa significa que Dios oye tus oraciones y que El las contesta.

Orar es simplemente hablar con Dios desde tu corazón. Dile a Dios cómo te sientes, déjale saber hacia donde vas. Entrégale tus problemas a El, porque está interesado en ayudarte en cada área de tu vida. **"echando toda vuestra ansiedad sobre él, porque él tiene cuidado de vosotros" (1 Pedro 5:7).** Dale las gracias por Su bondad en tu vida. Dile cuanto lo amas.

La oración es una conversación de dos direcciones. **"Clama a Mi y te responderé cosas grandes y ocultas que tu no conoces" (Jeremías 33:3).** Después de hablar con Dios quedate quieto y escúchalo. Una estación de radio está continuamente transmitiendo, pero a menos que sintonices la frecuencia correcta no podrás recibir la señal. De la misma manera, tu encontrarás que Dios está siempre deseoso de hablar contigo pero necesitas estar a tono en lo que te está hablando. La manera de hacer esto es pasar un tiempo en oración. Si no sabes que decir cuando oras, puedes usar **"La Oración del Señor"** como un ejemplo. Cuando los discípulos le preguntaron a Jesús como debían de orar, Jesús les dijo que lo hicieran de esta manera: **"Padre nuestro que estás en los cielos, santificado sea tu nombre. Venga tu reino. Hágase tu voluntad, como en el cielo, así también en la tierra. El pan nuestro de cada día, dánoslo hoy. Y perdónanos nuestras deudas, como también nosotros perdonamos a nuestros** deudores. **Y no nos metas en tentación, mas líbranos del mal; porque tuyo es el reino, y el poder, y la gloria, por todos los siglos. Amén. (Mateo 6:9-13).**

4. Compañerismo con Creyentes

Primeramente necesitas reunirte en una iglesia. Es imposible ser un Cristiano fuerte por uno mismo. La Biblia dice, **"no dejando de congregarnos, como algunos tienen por costumbre, sino exhortándonos; y tanto más, cuanto veis que aquel día se acerca" (Hebreos 10:25).**

El tiempo es muy corto para la venida de Jesús, es muy importante asistir a la iglesia en donde está la manifestación visible del Reino de Dios en la tierra.

Necesitas encontrar apoyo, aliento, estímulo, y entrenamiento de otros creyentes. Esto significa que debes ser parte de la iglesia. Si acaso, no eres miembro de la iglesia encuentra una, en donde la Palabra de Dios sea fielmente proclamada.

Busca al Pastor que predique la Biblia y quien crea en el poder milagroso de Dios. Encuentra una iglesia donde la gente sea sana y salva. Ve a una iglesia en donde puedas sentir la presencia de Dios en cuanto entres al edificio.

5. Sé Bautizado en Agua

El ser bautizados en agua es una parte muy importante de la vida Cristiana. Simboliza la muerte a nuestro viejo hombre y nuestra resurrección a una nueva creación. Jesús dijo a sus discípulos, **"El que creyere y fuere bautizado, será salvo; mas el que no creyere, será condenado"(Marcos 16:16).** Jesús les ordenó a sus discípulos **"Por tanto, id, y haced discípulos a todas las naciones bautizándolos en el nombre del Padre, y del Hijo, y del Espíritu Santo"(Mateo 28:19).** Jesús fue bautizado en el río Jordán al principio de su ministerio **(Mateo 3:13-17).**

En el día de Pentecostés, Pedro predicó un sermón muy poderoso, entonces les dijo a las personas que respondieran al mensaje, **"arrepentíos, y bautícese cada uno de vosotros en el nombre de Jesucristo para perdón de los pecados; y recibiréis el don del Espíritu Santo" (Hechos 2:38)**. Todos aquellos que **"recibieron su palabra fueron bautizados" (Hechos 2:41)**. Pedro bautizó a la familia completa de Cornelio y recibieron al Espíritu Santo **(Hechos 10:44-48)**. Pablo fue bautizado, después fue salvo **(Hechos 9:18)**. A lo largo de su ministerio, él continuó bautizando a la gente **(Hechos 19:1-6; y Hechos 16: 31-33)**.

6. Sé un Dador

Jesús dijo, **"Dad, y se os dará; medida buena, apretada, remecida y rebosando darán en vuestro regazo; porque con la misma medida con que medís, os volverán a medir"(Lucas 6:38)**. Dar es como plantar semillas en un campo. Cuando un granjero siembra semillas, él espera una cosecha. Cuando tu le das a Dios, debes de esperar recibir una cosecha.

Todos los que amamos recibimos un regalo de un amigo. Imagínate que contento se pone Dios cuando tu le das a El un regalo. Jesús dijo, **"Es mas bendecido dar que recibir" (Hechos 20:35)**. Es imposible dejar a un lado a Dios, El siempre te bendecirá en gran manera. Se feliz cuando le das a Dios **"cada uno dé como propuso en su corazón: no con tristeza, ni por necesidad, porque Dios ama al dador alegre"(2Corintios 9:7)**.

7. Háblales a Otros Acerca de Jesús

Jesús les dijo a sus discípulos, **"Venid en pos de mí, y os haré pescadores de hombres"(Mateo 4:19)**. Todo Cristiano es llamado embajador de Cristo **(2 Corintios 5:20)**. Hay muchas personas alrededor de tu círculo de influencia (vecinos, compañeros de trabajo, miembros de familia, y amigos) que desesperadamente necesitan oir de Jesús. **"¿Cómo, pues, invocarán a aquel en el cual no han** creído? ¿Y cómo creerán en aquel de quien no han oído? ¿Y cómo oirán sin haber quien les predique? ¿Y cómo predicarán si no fueren enviados? Como está escrito:¡ Cuán hermosos son los pies de los que anuncian la paz, de los que anuncian buenas nuevas!" (Romanos 10:14-15).

Ahora que eres Cristiano, Dios te enviará a hablarles a otros a cerca de Jesús. La mejor manera de ser un testigo es vivir una vida diferente. Tu demuestras tu nueva fe por tus acciones, hábitos, y manera de vida. Jesús dijo, "**así alumbre vuestra luz delante de los hombres, para que vean vuestras buenas obras, y glorifiquen a vuestro Padre que está en los cielos**"(Mateo 5:16). Cuando las personas te ven vivir al servicio de Dios, notarán como Cristo ha cambiado tu vida y estarás listo para compartir las buenas nuevas con ellos.

Dar testimonio, es como un mendigo hambriento que encuentra pan y les dice a los demás donde encontrar el mismo pan. Solo diles a los demás lo que Dios ha hecho por ti. Si Dios te ha sanado, comparte ese testimonio con los que te rodean. Si Dios te ha liberado de la opresión de Satanás, cuéntales tu testimonio. Empieza a orar por oportunidades para compartir a Cristo con otras personas y encontrarás muchas ocasiones en donde podrás ser testigo.

En (Hechos 1:8), el testimonio comienza en la aldea de los discípulos, pero ahí no termina. Continúa con el país entero, países cercanos, y termina en todas las naciones.Jesús ordenó a sus discípulos, "**Id por todo el mundo y prediquen las buenas nuevas a toda criatura**" (Marcos 16:15).

¿Nuestra Meta?
Toda Alma!

Daniel & Jessica King

KING
MINISTRIES
INTERNATIONAL

El Autor:

Daniel King y su esposa Jessica se conocieron en el centro de África, ambos estaban en un viaje misionero. Ellos son muy solicitados como conferencistas en iglesias y conferencias en toda América del Norte.

Su pasión, energía y entusiasmo son disfrutados por audiencias a donde quiera que vayan. Son evangelistas-misioneros internacionales que hacen festivales masivos, ganadores de almas, en países de todo el mundo. Su pasión por los perdidos les ha llevado a más de 50 naciones predicando el evangelio a multitudes que a menudo superan las 50 mil personas.

Daniel fue llamado al ministerio cuando tenía la edad de cinco años, y comenzó a predicar cuando tenía seis. Sus padres se convirtieron en misioneros a México cuando él tenía diez, y cuando él tenía catorce empezó un ministerio infantil que le dio la oportunidad de ministrar en iglesias de las más grandes de América, cuando todavía era un adolescente. A la edad de 15 años, Daniel leyó un libro en el que el autor motiva a la gente joven a ganar $1,000,000. Daniel reinterpreto el mensaje y decidió ganar 1,000,000 de personas para Cristo cada año.

Daniel es autor de veintiún libros incluyendo: El Poder de la Sanidad. El Secreto de Obed-Edom y el Poder del Fuego. Su libro Bienvenidos al Reino ha sido dado a decenas y centenas de miles nuevos creyentes.

Cruzadas de Milagros

La República Dominicana

Honduras

Panama

Mexico

Guatemala

Sudan

Brazil

Haiti

Pakistan

Indonesia

India

Haiti

South Africa

Colombia

Peru

Nicaragua

Cruzadas de Milagros

Metu, Ethiopia

Khushpur, Pakistan

Roca Blanca, Mexico

Sialkot, Pakistan

Agere Maryam, Ethiopia

Kisaran, Indonesia

Cruzadas de Milagros

Sambava, Madagascar

Wondo Genet, Ethiopia

Kihihi, Uganda

Guder, Ethiopia

Kawdé Bouké, Haiti

Copan, Honduras

La visión de King Ministries es de evangelizar a los
perdidos, enseñar, capacitar y edificar
el cuerpo de Cristo en todo el mundo.

Si quisiera que Daniel King visite su iglesia, escriba:

King Ministries International
PO Box 701113
Tulsa, OK 74170 USA

King Ministries Canada
PO Box 3401
Morinville, Alberta T8R 1S3 Canada

O llame al:1-877-431-4276
(en los Estados Unidos)

o visítenos en el Internet en:
www.kingministries.com

Correo electrónico:
daniel@kingministries.com

www.ingramcontent.com/pod-product-compliance
Lightning Source LLC
Chambersburg PA
CBHW060622030426
42337CB00018B/3144